Miguel Ruiz

LES FINS MOTS DE LA FIN

© 2020, Ruiz, Miguel
Edition : Books on Demand,
12/14 rond-Point des Champs-Elysées, 75008 Paris
Impression : BoD - Books on Demand, Norderstedt, Allemagne
ISBN : 9782322201709
Dépôt légal : janvier 2020

« La mort est un manque de savoir-vivre. »
(Alphonse Allais)

Antiquité

« Broie, broie donc le sac qui enveloppe Anaxarque, mais tu ne broieras pas Anaxarque ! »
(**Anaxarque** ; philosophe condamné à être écrasé par un pilon, sur ordre de Nicocréon roitelet de Chypre – Vème siècle av. J.-C.)

« Ce soir nous souperons chez Pluton. »
(**Léonidas** – 480 av. J.-C.)

« Nous sommes débiteurs d'un coq à Esculape, n'oubliez pas d'acquitter cette dette. »
(**Socrate** – 399 av. J.-C.)

« Que l'Euripe m'engloutisse puisque je ne peux le comprendre ! »
(**Aristote** ; philosophe-savant se jetant dans le fleuve Euripe, dont il n'arrive pas à expliquer scientifiquement les courants contraires – 322 av. J.-C.)

« Et alors, tu n'es pas content de mourir avec Phocion ? »
(**Phocion** ; s'adressant à un condamné qui doit être exécuté en même temps que lui – 318 av. J.-C.)

« Attendez que j'aie fini mon problème ! »
(**Archimède** ; mathématicien, aux soldats venus le tuer – 212 av. J.-C.)

« Vous pouvez rentrer à la maison, le spectacle est terminé. »
(**Démonax** – IIème siècle av. J.-C.)

« *Acta est fabula.* » (« La pièce est jouée. ») Variante : « Alors, estimez-vous que j'ai assez bien joué la comédie de la vie ? »
(**Auguste** – 14 ap. J.-C.)

« Tu as raison d'abandonner le soleil couchant pour t'empresser au soleil levant. »
(**Tibère** ; avant d'être étouffé par son assassin agissant sur ordre de Caligula : le préfet du prétoire romain, un certain… Macron !! De son nom complet Naevius Sutorius Macro… – 37 ap. J.-C.)

« Frappe au ventre, et punis-le d'avoir porté ton maître ! »
(**Agrippine la Jeune** ; à son assassin, lequel était envoyé par son fils Néron… Néron étant le fils d'Agrippine, pas de son assassin ! – 59 ap. J.-C.)

« Occupe-toi de ta main, et qu'elle soit aussi ferme que ma tête ! »
(**Subrius Flavus** ; au bourreau qui lui demande de ne pas bouger – 65 ap. J.-C.)

« Adieu les soins ! »
(**Pétrone** ; se tranchant les veines, il tient ces propos ironiques, allusion aux médecins que Néron envoyait pour 'soigner' les opposants à éliminer – 66 ap. J.-C.)

« Tu contiendras un homme que l'univers n'a pas contenu. »
(**Septime Sévère** ; touchant l'urne qui doit recueillir ses cendres – 211 ap. J.-C.)

« C'est bien grillé de ce côté, tu peux retourner ! »
(**Saint-Laurent** ; martyr chrétien brûlé vif qui fut très blagueur toute sa vie… ou masochiste c'est selon ! – 258 ap. J.-C.)

« Je fais un dernier effort pour ramener ce qu'il y a de divin en moi à ce qu'il y a de divin dans l'univers. »
(**Plotin** – 270 ap. J.-C.)

Moyen Âge

« Il n'est de bonne compagnie qui ne se quitte. »
(**Dagobert Ier** – 639)

« Laissez-moi, je mourrai bien sans vos remèdes… »
(**Charlemagne** ; à ses médecins – 814)

« J'ai aimé la justice et détesté l'iniquité, je meurs donc dans l'exil. »
(**Grégoire VII** – 1085)

« Eh bien… je donne mon ambition aux Templiers, mon avarice aux moines, et ma luxure aux prélats ! »
(**Richard Cœur de Lion** ; au prêtre qui l'exhorte à renoncer à ses vices – 1199)

« Tu ne la mets pas où il faut. »
(**Fra Moriale** ; au bourreau, alors que celui-ci pose la hache sur son cou pour viser la jointure des os – 1354)

« Ô sainte simplicité ! »
(**Jan Hus** ; voyant un paysan jeter un fagot dans son bûcher – 1415, paroles attribuées aussi à **Jérôme de Prague** – 1416)

« A la façon de tous les mourants. »
(**Laurent de Médicis** ; à qui on demandait s'il appréciait ce qu'il arrivait à manger avec difficulté – 1492)

XVIème siècle

« Mignonne, je vous offre ma mort pour vos étrennes. »
(**Louis XII** ; roi repenti s'adressant à sa... trop jeune épouse – 1515)

« Je suis curieux de voir ce qui arrivera dans l'autre monde à celui qui meurt sans confession. »
(Pietro Vannucci dit **Le Pérugin** – 1523)

« Coupe ma tête mais pas ma barbe, car elle n'a pas commis de trahison ! »
Variante, au bourreau qui le soutient dans sa montée sur l'échafaud : « Merci. Pour ce qui est de descendre, je m'en sortirai bien tout seul ! »
(**Thomas More** ; ennemi bravache d'Henri VIII – 1535)

« Un cercueil. »
(**Erasme** ; à qui on demande ce qui pourrait lui faire plaisir – 1536)

« Tirez le rideau, la farce est jouée. »
Variante : « Je dois beaucoup… je donne le reste aux pauvres. »
(**François Rabelais** – 1553)

« Tout est perdu à ce coup, et à bon escient. »
(**Nicole de Limeuil** ; après que, à sa demande, son valet lui eut joué *La Défaite des Suisses* et le passage « Tout est perdu… » – 1555)

« Maintenant que je suis huilé… Protégez-moi des rats. »
(**L'Arétin** ; alors qu'un prêtre lui administre les derniers sacrements – 1556)

« Si je fais mine de divaguer, poussez-moi ! »
(**Pierre de Ronsard** ; aux religieux venus à son chevet – 1585)

« Les curés, ils croient me tenir…hé bien, je m'en vais ! »
(Monsieur de Maugiron - 1588)

« Ce n'est pas la mort que je crains, mais de mourir. »
(Michel de Montaigne – 1592)

« Si la mort n'était pas, il n'y aurait au monde rien de plus misérable que l'homme. »
(Le Tasse ; poète italien reconnaissant – 1595)

XVIIème siècle

« Vous portez contre moi une sentence avec peut-être plus de crainte que moi qui la reçois. »
(**Giordano Bruno** ; avant d'être brûlé vif pour hérésie – 1600)

« Dépêche, dépêche ! »
(**Charles de Gontaut-Biron** ; noble pressé s'adressant à son bourreau – 1602)

« J'ai déjà un pied dans l'étrier. »
(**Miguel de Cervantès** – 1616)

« Le remède est en effet violent, mais il est souverain pour tous les maux. »
(**Sir Walter Raleigh** ; avant son exécution, observant le tranchant de la hache – 1618)

« Ne me fais pas languir ! »
(**Henri de Talleyrand-Périgord** ; condamné à la décapitation s'adressant à son bourreau – 1626)

« Je me repens de m'être donné tant de peine dans l'intérêt de la science. »
(**Francis Bacon** ; … repenti ou ironique ? – 1626)

« Imbécile, crois-tu que c'est la seconde fois que ça m'arrive à moi ! »
(**François de Montmorency-Bouteville** ; à son bourreau qui lui demandait de ne pas bouger car c'était sa première exécution – 1627)

« Je veux défendre jusqu'à la mort la pureté de la langue française. »
(**François de Malherbe** ; au propre comme au figuré !… il vient de reprendre sa garde-malade qui a commis une erreur de langage – 1628)

« L'heure est venue de guérir toutes mes plaies par une seule. »
(**Henri de Montmorency** ; couvert de blessures et condamné à mort, il repousse le médecin qui vient le panser – 1632)

« Bon, puisque c'est comme ça, je peux bien l'avouer : Dante m'a toujours cassé les pieds ! »
(**Félix Lope de Vega** – 1635)

« Pas encore tout à fait, mon fils ! »
(**Louis XIII** ; reprenant sa progéniture qui lui dit qu'il s'appelle Louis XIV… – 1643)

« La payeront ceux qui l'entendront ! »
(**Francisco de Quevedo** ; quelqu'un lui ayant fait remarquer que la musique qu'il a choisie n'est pas prévue dans les frais de ses obsèques – 1645)

« J'ai passé mon existence dans un non-faire laborieux. »
(Hugo de Groot dit **Grotius** – 1645)

« Je suis né sans savoir pourquoi, j'ai vécu sans savoir comment, et je meurs sans savoir ni pourquoi, ni comment ! »
(**Pierre Gassendi** – 1655)

« Plus de goutte, plus d'insomnie, je vais enfin me bien porter… Par ma foi, je n'aurais jamais cru qu'il fût si aisé de se moquer de la mort ! »
Variante : « Mes amis, vous ne pleurerez jamais tant pour moi que je vous ai fait rire. »
Ou - plus connu -, ayant légué sa fortune à sa femme à la condition qu'elle se remarie : « Ainsi il y aura tout de même un homme pour me regretter ! » (cet homme sera… Louis XIV, et l'épouse la future Mme de Maintenon !)
(**Paul Scarron** ; poète burlesque… et drôle jusqu'au bout – 1660)

« Oh, alors sa sœur n'est pas loin ! »
(**St-Vincent de Paul** ; à quelqu'un qualifiant le sommeil de 'Frère de la mort' – 1660)

« Soit… Hé bien, allons donc, dépêchons-nous de croire ! »
(**Antoine de Gramont** ; au confesseur qui lui énumère les dogmes sacrés de l'Eglise – 1678)

« Il est plus à propos de se taire : on ne parle en ces derniers moments que par faiblesse ou vanité. »
(**Olivier Patru** – 1681)

« Femme, je ne puis plus. Vous ne me laisserez donc pas le temps de mourir ? »
(**Colbert** ; s'adressant à son épouse qui continue de lui apporter des affaires d'état à traiter – 1683)

« Depuis que je suis reine, je n'ai eu qu'un seul jour heureux. »
(**Marie-Thérèse d'Autriche** ; … celui de sa mort ? – 1683)

« Prends cet argent et donne-le au bourreau s'il fait bien son travail. »
(**James**, duc de **Monmouth** ; condamné à mort, il donne ses dernières instructions à son serviteur… – 1685)

« J'ai été mourant un peu trop longtemps… Je vous prie de m'en excuser. »
(**Charles II** d'Angleterre – 1685)

« Allons, je vois la pensée que j'ai toujours eue : si l'on a besoin d'une sage-femme pour entrer au monde, c'est un homme sage qu'il faut pour en sortir. »
(**Gilles Ménage** – 1692)

XVIIIème siècle

« Je m'en vais ou je m'en vas, puisque l'un ou l'autre se dit… ou se disent. »
Variante : « J'ai quelque scrupule du plaisir que je trouve à quitter la vie. »
(**Dominique Bouhours** ; grammairien !... Le premier mot est aussi attribué à Vaugelas, Piron, Fontenelle et Rivarol ! – 1702)

« Il est temps que je fasse ce que j'ai tant prêché aux autres. »
(**Louis Bourdaloue** ; … prédicateur français – 1704)

« Oh quelle profondeur et quelle richesse que la connaissance de Dieu !... Cessez maintenant. »
(**John Locke** ; philosophe, à une amie qui lui lit les psaumes – 1704)

« Bah, je ne laisse après moi que des mourants ! »
(**Ninon de Lenclos** ; courtisane qui ne regrette rien – 1705)

« Aujourd'hui Princesse, demain rien, dans deux jours oubliée. »
(**Marie-Adélaïde de Savoie** – 1712)

« Pourquoi pleures-tu ? Te serais-tu imaginé par hasard que je suis immortel ? »
(**Louis XIV** ; à son valet sanglotant – 1715)

« Mes chers messieurs, laissez-moi mourir de mort naturelle ! »
(**Samuel Garth** ; voyant ses médecins qui se concertent à son sujet – 1719)

« Je vais mieux, mais je m'en vais. »
Puis : « Dans un quart d'heure, j'en saurai plus long. »
(Françoise d'Aubigné dite **Mme de Maintenon** – 1719)

« Ôtez-moi ce crucifix ! Il me fait pitié, comment un artiste a-t-il pu rendre aussi mal les traits de Dieu ?! »
(**Antoine Watteau** ; … peintre – 1721)

« Est-ce cela mourir ? C'est tout !?... Ah, je peux endurer ceci ! »
(**Cotton Mather** – 1728)

« Femme qui pète n'est pas morte. »
(La Comtesse **Thérèse de Vercellis** ; laquelle vient de lâcher une flatulence ! – 1728)

« Moi, non. J'aurai mon uniforme. »
(**Frédéric-Guillaume Ier** ; surnommé 'Le Roi-Sergent' ; au prêtre qui lui lit un extrait d'un livre de sentences religieuses, 'Nu je suis sorti de ma mère et nu je m'en irai…' – 1740)

« Je meurs, monsieur, pour au moins cent bonnes raisons ! »
(**Alexander Pope** ; sans regrets ! – 1744)

« Chut ! J'épie la mort ! »
(**Jean Bouhier de Savigny** – 1746)

« Désolé de m'être trompé, mais c'est la première fois qu'on me coupe la tête. » (**Alexander Blackwell** ; condamné à mort, il avait présenté sa tête sur le billot du mauvais côté… – 1747)

« Oui… et combien les hommes sont petits ! » (**Montesquieu** ; au prêtre qui lui demande s'il se rend compte combien Dieu est grand – 1755)

« Il est temps que je m'en aille, je commence à voir les choses telles qu'elles sont. »
Variante, à quelqu'un qui lui demande s'il va bien : « Non, cela ne va pas, cela s'en va. »
Ou : « Je me regrette. »
Ou encore : « Je ne sens autre chose qu'une difficulté d'être. »
(**Fontenelle** ; on lui prête aussi les derniers mots de Dominique Bouhours, de Voltaire et de la Comtesse d'Houdetot ! – 1757)

« Vous m'énervez ! Très bien, vous allez voir l'effet… Adieu ! »
(Le **Comte de Charolais** ; refusant obstinément de s'allonger malgré les recommandations de son médecin, il finit par s'exécuter… et meurt dans la seconde – 1760)

« Tout ceci fut bien intéressant. »
(**Lady Wortley Montagu** – 1762)

« Un moment, monsieur le curé, nous nous en irons ensemble. »
(Jeanne Antoinette Poisson, **Marquise de Pompadour** ; au prêtre qui demande à se retirer – 1764)

« Que diable me chantez-vous là, vous avez la voix fausse ! »
(**Jean-Philippe Rameau** ; … musicien, au prêtre venu lui apporter le réconfort de la religion – 1764)

« Il ne manquait plus qu'une pareille mort à un aventurier comme moi. »
(**Stanislas Leszczynski** ; il succombe à ses blessures après avoir mis le feu à sa robe de chambre… en secouant les cendres de sa pipe ! – 1766)

« Prenons un café, il ne m'empêchera pas de dormir… »
(Le Chevalier de **La Barre** ; dernier café, après son dernier repas… et avant son exécution – 1766)

« Je suis venu au monde sans culotte, je puis très bien en sortir sans Chapeau. »
(**Charles Pinot Duclos** ; refusant l'aide spirituel du prêtre de sa paroisse, un certain… Chapeau – 1772)

« Ci-gît Piron qui ne fut rien,
   Pas même académicien ! »
(**Alexis Piron** ; épitaphe auto attribuée, … on lui prête aussi les derniers mots de Dominique Bouhours – 1773)

« S'il arrive dans la demi-heure, introduisez-le aussitôt. Si je suis vivant je serai heureux de le voir. Si je suis mort, c'est lui qui sera heureux de me voir. »
(**Henry Fox** ; s'adressant à son domestique, à propos de George Selwyn, grand ami de Fox… mais dont la fascination pour le macabre était aussi bien connue – 1774)

« J'en suis très content : il parle de l'enfer comme un ange. »
(**Charles-Antoine de La Roche-Aymon** ; à propos du prêtre qui l'assiste – 1777)

« Il bat… il bat… il bat… il a cessé de battre. »
(**Albrecht von Haller** ; n'écoutant que son cœur, Haller respire encore… puis expire – 1777)

« Quoi, mon père ! Toujours de face et jamais de profil ? »
(**Simon Lantara** ; … peintre, au prêtre qui lui dit qu'il va bientôt voir Dieu en face – 1778)

« Ah bien ! J'en suis fort aise, car ils sont fort intéressants. »
(**Carl von Linné** ; ayant de fréquentes pertes de mémoire, il feuillette un livre dont on lui fait remarquer qu'il en est l'auteur – 1778)

« Je m'arrêterais de mourir s'il me venait un bon mot. »
(**Voltaire** ; attribué aussi à Fontenelle – 1778)

« C'est assez confortable pour mourir. »
(**Marie-Thérèse d'Autriche** ; à son fils qui lui demande si elle est assez confortablement installée dans son lit – 1780)

« Si j'avais la force d'écrire, je noterais comment il est facile et plaisant de mourir. »
(**William Hunter** – 1783)

« Je vous remercie d'être venu pour me fermer les yeux… »
(**D'Alembert** ; à son ami Condorcet – 1783)

« Capucin, qui t'a donné la hardiesse de t'établir médiateur entre Dieu et Timoléon ? »
(**Jean-Paul Timoléon de Cossé-Brissac** ; au religieux venu à son chevet – 1784)

« Ma danse est finie. »
(**Jenny Grétry** ; elle meurt... juste après avoir dansé ! – 1786)

« Je m'en vais de c'pas. »
(**Le Marquis de Bièvre** ; célèbre pour ses calembours, il finit ses jours en Belgique à... Spa ! – 1789)

« Y monterai-je ou n'y monterai-je pas ? »
(**François Bordier** ; comédien condamné à mort - face à l'échafaud, il servit au bourreau la tirade d'un de ses rôles qui l'avait rendu célèbre au théâtre... Dans la pièce en question, il n'était question que de monter dans une cheminée ! – 1789)

« J'ai fait peu d'heureux et beaucoup d'ingrats. »
(**Joseph II** ; souverain cynique – 1790)

« Je vois que tu as commis trois fautes d'orthographe. »
(**Le Marquis de Favras** ; au commis de cour qui lui faisait lire son acte de condamnation à mort – 1790)

« Je pense que nous devrions ajourner cette séance pour un autre endroit.. »
(**Adam Smith** ; à des amis venus le visiter – 1790)

« Je travaille à mon hymne funéraire, je ne le sens que trop bien. »
(**Wolfgang-Amadeus Mozart** – 1791)

« Si ce n'est pas là Dieu, c'est du moins son cousin germain ! »
(**Mirabeau** ; voyant le soleil briller – 1791)

« Seulement de froid, mon ami ! »
(**Jean Sylvain Bailly** ; interpellé par un spectateur qui avait remarqué qu'il tremblait au moment de monter sur l'échafaud – 1793)

« Laissez, vous débotterez plus facilement un cadavre. »
(Philippe de Custine ; au bourreau qui veut lui enlever ses bottes avant de l'exécuter – 1793)

« Mon ami, veux-tu bien permettre que je finisse ma dernière douzaine d'huîtres ? »
(Armand-Louis de Gontaut-Biron ; futur guillotiné et fin gourmet s'adressant à son exécuteur – 1793)

« Hé laissez ! J'ai bien le droit d'être curieuse, je n'en ai jamais vu. »
(Charlotte Corday ; l'exécuteur des basses oeuvres tentant d'épargner sa sensibilité en lui cachant la guillotine – 1793)

« Non, vous y arriverez plus aisément après. Dépêchons, dépêchons ! »
(Louis Philippe Joseph, duc **d'Orléans** ; condamné à mort, aux aides du bourreau qui veulent lui ôter ses bottes – 1793)

« Voilà un mauvais présage. A ma place, un Romain serait rentré ! »
Variante : « Je mourrai comme j'ai vécu, c'est-à-dire très douillet. »
(**Malesherbes** ; 1. Il vient de buter sur une pierre en montant vers l'échafaud, sachant que les Romains, très superstitieux, ne sortaient pas de chez eux en pareil cas... 2. Variante : demandant à remettre sa perruque en place après que le bourreau lui ait coupé les cheveux... 3. Quelques instants avant, il a - machinalement ou dans une ultime bravade ? - remonté sa montre ! – 1794)

« Je ne suis pas libre, si ce n'est de mourir. »
(**Lucile Grétry** ; dont le médecin refuse qu'on lui apporte sa harpe – 1794)

« Je vais faire semblant de ne pas mourir. »
Variante : « Et ainsi je laisse ce monde où il faut que le cœur se brise ou se bronze. »
Ou : « Voilà ce que c'est que d'être maladroit de ses mains, je n'ai rien réussi dans ma vie, pas même me tuer ! »
(**Nicolas de Chamfort** ; moraliste adepte du suicide raté... il meurt quelques mois plus tard, après trois tentatives infructueuses ! – 1794)

« Nous deviendrons tous poètes, nous allons faire des vers ! »
Variante, au bourreau qui va l'exécuter : « Tu montreras ma tête au peuple, elle en vaut la peine. »
Ou : « Imbécile, tu n'empêcheras pas nos têtes de se baiser dans le panier. »
(**Georges Danton** ; toujours au bourreau, lequel empêche Hérault de Séchelles, autre condamné à mort, de l'embrasser... Danton, pas le bourreau ! – 1794)

Lisant un livre dans la charrette le menant à l'échafaud... il corne la page et tend son livre au bourreau.
(Armand Louis François de Béthune, **Duc de Charost** ; on prête aussi la même fin à André Chénier... – 1794)

« A vos armes, prêts... feu ! »
(**François de Charette** ; passé par les armes, il commande lui-même le peloton d'exécution – 1796)

« Grands Dieux, j'ai vécu en philosophe et je meurs en chrétien ! »
(**Giacomo Casanova** ; célèbre et sarcastique libertin rentré tardivement en religion... après avoir réclamé une bisque d'écrevisses ! – 1798)

« Bonne nuit, tout le monde ! »
(**Beaumarchais** – 1799)

XIXème *siècle*

« Le bouillon ne passe plus, le lait ne passe plus, l'eau ne passe plus. Hé bien, il faut que je passe. »
(Charles Albert Demoustier – 1801)

« Un peu plus à gauche, madame... vous verrez mieux ! »
(Johannes Bueckler dit **Schinderhannes** ; à une petite vieille dans la foule qui tente en vain de se hisser, pour profiter du spectacle de son exécution – 1803)

« Ma fille, ce n'est pas une raison pour perdre son temps ! »
(**La Marquise de Créquy** ; s'adressant à une servante pour lui réclamer son ouvrage de tricot et celle-ci lui faisant remarquer qu'elle est sur le point de trépasser... la marquise pas la servante ! – 1803)

« Nous voulions donner un roi à Paris, nous faisons plus : nous lui avons donné un empereur ! »
(**Georges Cadoudal** ; royaliste condamné à mort par Napoléon - lequel, un mois auparavant, s'était proclamé empereur des Français – 1804)

« Que je sois pendu si je ne suis pas en train de mourir ! »
(**Edward Thurlow** – 1806)

« Je ne désire rien croire à ce sujet. »
(**Thomas Paine** ; au médecin qui lui demande s'il croit bien que Jésus est le fils de Dieu – 1809)

« Je suis reine et je n'ai pas le pouvoir de bouger mes bras…»
(**Louise de Mecklembourg-Strelitz** – 1810)

« Je me regrette ! »
(**La Comtesse d'Houdetot** ; on prête aussi ce mot à Fontenelle – 1813)

« Voici la dernière scène que je jouerai, je veux la jouer convenablement. »
(Françoise-Marie Saucerotte dite **Mlle Raucourt** ; tragédienne jusqu'au bout – 1815)

« Je le crois… mais j'ai bien peur d'avoir une distraction. »
(**Mme de Coislin** ; à quelqu'un qui prétendait qu'on ne pouvait pas mourir tant qu'on ne ''perdait pas de vue sa maladie'' – 1817)

« Enfin je m'éveille ! »
(**Jean-Joseph Hermann** – 1821)

« Il faut mourir aimable, si on le peut. »
(**Joseph Joubert** – 1824)

« Je laisse après moi trois grands médecins : l'eau, l'exercice et la diète. »
(**François Broussais** ; … quatrième grand médecin – 1825)

« Je meurs de fatigue. »
(**Alexandre Ier de Russie** – 1825)

« On va voir si mon dernier pronostic est juste. »
(**René Laennec** ; célèbre médecin français, lequel s'était diagnostiqué une tuberculose en stade final – 1826)

« Rien ne m'a réussi… même ici j'ai des déboires. »
(**Michel Bestoujev** ; condamné à mort qui fut bien pendu… mais dont la corde cassa à la première tentative ! – 1826)

« Je vais avoir un dies irae aux truffes ! »
(**Anthelme Brillat-Savarin** ; gastronome qui sent la fin, et la faim, venir – 1827)

« Applaudissez, mes amis, la comédie est finie. »
(**Ludwig van Beethoven** – 1827)

« Tais-toi ! Tu me distrais »
(**Mme de Genlis** alias Stéphanie Félicité du Crest de St-Aubin ; s'adressant à sa nièce qui, à son goût, parle trop – 1830)

« Les trois grands personnages les plus ennuyeux de l'Histoire ont été Jésus-Christ, Don Quichotte et moi. »
(**Simon Bolivar** ; vaniteux modeste – 1830)

« Il n'y a qu'un seul homme qui m'ait jamais compris. Et il n'a rien compris du tout. »
(**Georg Wilhelm Hegel** ; philosophe dur à suivre – 1831)

« Que Dieu vous protège tous, je me sens à nouveau moi-même. »
(Sir **Walter Scott** – 1832)

« Je donnerai là-haut des nouvelles de ce monde. »
(**Guillaume Dupuytren** ; un de ses visiteurs s'étonnant qu'il demande à lire le journal quelques minutes avant de mourir – 1835)

« Rien de plus qu'un changement d'esprit mon cher. »
(**James Madison** ; évoquant sa fin imminente – 1836)

« Seriez-vous assez bon, monsieur le bourreau, pour me laisser voir Avril ? »
(**Pierre François Lacenaire** ; pas le mois d'avril, mais Avril son complice qui va être exécuté juste avant lui, en janvier… – 1836)

« Je suis pianiste. »
(**John Field** ; musicien à qui on demande s'il est… papiste ou calviniste ! – 1837)

« Au moment de paraître devant Dieu, je veux me réconcilier avec mon plus mortel ennemi ! »
(**Alexandre Grimod de La Reynière** ; demandant à ce qu'on lui apporte un verre d'eau – 1837)

« Pour là où je vais, il m'importe peu qu'ici il fasse chaud ou froid ! »
(John Scott, **Lord Eldon** ; à qui on fait remarquer la température de la pièce – 1838)

« N'oubliez pas, monsieur l'Abbé, que je suis évêque. »
(**Charles de Talleyrand-Périgord** ; tendant les poings au lieu des paumes au moment de l'extrême-onction, protocole oblige… – 1838)

« Et maintenant… je m'en vais où Dieu m'appelle. »
(**Louis-Philippe Ier** – 1850)

« C'est dommage de s'en aller, ça commençait à devenir drôle ! »
(**Louis-Joseph Gay-Lussac** – 1850)

« Eh bien, vous allez voir comment on se fait tuer pour 25 francs ! »
(**Jean-Baptiste Baudin** ; après avoir été interpellé par une femme du peuple raillant les députés 'planqués', il est atteint d'une balle et meurt sur les barricades – 1851)

« Je sens la fin qui approche… Vite apportez-moi mon dessert, café et liqueur ! »
(**Josephte Brillat-Savarin** ; digne sœur de son frère, le célèbre gastronome – 1855)

«Ne m'attendez pas ce soir car la nuit sera noire et blanche. »
(**Gérard de Nerval** ; dernier mot laissé sa tante – 1855)

« Vous êtes sûr que ce truc est fiable ? »
(**William Palmer** ; condamné à mort testant le nœud coulant de la corde avec laquelle il va être pendu – 1856)

« Dieu me pardonnera, c'est son métier. »
(**Henri Heine** – 1856)

« Si je ne mourrais pas cette fois-ci, ce serait dommage : je me sens bien prête. »
(Dorothea von Benckendorff, **Princessse de Lieven** – 1857)

« Veillez bien, monsieur l'exécuteur, à ne pas jeter ma tête dans le même panier que celle de cet homme-là. »
(**Felice Orsini** ; criminel montant à l'échafaud, à propos de son complice qui claquait des dents de peur – 1858)

« Je suis contente de mourir un dimanche, il est si triste de vivre un lundi. »
Variante : « Dans huit jours, je commencerai à être la proie des vers et des biographes. »
(**Mlle Rachel** – 1858)

« Enfin je vais le voir et le rencontrer à sa place ! »
(**Menahem Mendel de Kotsk** ; rabbin et maître spirituel hassidique… on suppose donc qu'il parlait de Dieu ! – 1859)

« Salut Sam, je suis mort ! »
(**Jesse Reno** ; militaire américain transporté sur une civière et croisant un ami sur un champ de bataille, durant la Guerre Civile – 1862)

« Un seul monde à la fois ! »
(**Henri David Thoreau** ; à sa tante qui lui demande s'il est préoccupé par l'au-delà – 1862)

« Mourir ! C'est la dernière chose que je ferai ! »
(**Henry Palmerston** ; apprenant par son médecin qu'il n'en a plus pour longtemps… – 1865)

« S'il vous plaît, ne me laissez pas tomber. »
(**Mary Surratt** ; complice dans l'assassinat d'Abraham Lincoln, elle fut, aux Etats-Unis, la première femme à être exécutée par… pendaison ! – 1865)

« Ah Luisa, tu arrives toujours quand je m'en vais. »
(**Massimo d'Azeglio** ; s'adressant à sa femme qui vient à son chevet – 1866)

« N'avouez jamais ! »
(**Jean-Charles Avinain** ; condamné à mort… ayant avoué son crime ! – 1867)

« Je n'ai pas à pardonner à mes ennemis, je les ai tous tués. »
(**Ramon Maria Narvaez** – 1868)

« Ce n'est pas mon apparence qui me préoccupe en ce moment... mais ma disparition ! »
(**Thaddeus Stevens** ; à quelqu'un qui remarquait son teint pâle... jeu de mots : en anglais, 'apparence' se dit 'appearance' et 'disparition', 'disappearance'... – 1868)

« Ah quel talent je vais avoir demain... On va enfin jouer ma musique ! »
(**Hector Berlioz** ; allusion au peu de succès critique qu'eut son œuvre... de son vivant – 1869)

« Oui, dans la terre. »
(**Charles Dickens** ; à sa belle-sœur qui le presse de s'allonger pour se reposer – 1870)

« Par la présente, je me rends à Dieu. »
(**Edward Dickinson** ; avocat et père d'Emily Dickinson, on retrouve ce message sur une carte de visite dans une de ses poches, après une fatale attaque d'apoplexie – 1874)

« Oui, oui, chantez cela pour moi... Je suis pauvre et dans le besoin. »
(**Cornelius Vanderbilt** ; Vanderbilt, à qui l'on chantait 'Venez, vous pécheurs, pauvres et dans le besoin...', était américain, multi-millionnaire et... sarcastique ! – 1877)

« Il va falloir être sérieux là-haut ! »
(**Henri Monnier** ; caricaturiste-humoriste... seulement de son vivant – 1877)

« Je suppose que cela devait se passer ainsi, c'est la... vie. »
(**Ned Kelly** ; après que le bourreau lui eut ajusté la cagoule sur la tête – 1880)

« Voilà donc Dieu... Bon... »
(**Thomas Carlyle** – 1881)

« Certainement pas, elle me chargerait d'un message pour Albert ! »
(**Benjamin Disraeli** ; à qui la reine Victoria, dont l'époux Albert était décédé, voulait rendre visite – 1881)

« Je pense que tu as raison, je ne peux voir la moindre foutue chose. »
(**Morgan Earp** ; à son frère qui lui soutient qu'il n'y a rien après la mort – 1882)

« Attention, vous allez me faire mal au pied ! »
(**Edouard Manet** ; amputé au-dessus du genou, il sermonne son fils qui vient de poser sa casquette au bas du lit, à l'endroit désormais 'inoccupé'… – 1883)

« Allez, sortez !... Les dernières paroles sont pour les imbéciles qui n'en ont pas dit assez. »
(**Karl Marx** ; dernières paroles… tout de même ! – 1883)

« Nous allons nous éteindre ensemble. »
(**Marie Bashkirtseff** ; regardant une bougie dont la flamme décline – 1884)

« De l'eau ! »
(**Ulysses S. Grant** ; militaire et 18ème président des Etats-Unis, connu pour ses problèmes avec… l'alcool – 1885)

« Dans la vie, je n'ai eu aucune vraie satisfaction ou plaisir de plus que mon voisin de palier qui vaut à peine 500 mille dollars… »
(**William Vanderbilt** ; dont la fortune s'élevait elle à plus de 200 millions ! – 1885)

« Ma sortie est le résultat de trop d'entrées. »
(**Richard Monckton Milnes** ; homme politique anglais connu de son vivant pour être un… bon vivant, et un adepte de la bonne chère – 1885)

« Allons, il est temps que je désemplisse le monde ! »
(**Victor Hugo** – 1885)

« Tu ne pourrais pas faire tes commissions toi-même ?! »
(**Eugène Labiche** ; à son fils qui lui demande de dire à son épouse décédée - celle de son fils, pas d'Eugène... - combien il l'aimait – 1888)

« Eh bien, je m'en souviendrais de cette planète ! »
(**Auguste de Villiers de l'Isle-Adam** – 1889)

« D'accord, je pense qu'il n'y a pas le moindre danger que j'accroche à la boisson maintenant. »
(**James Croll** ; acceptant un peu de whisky pour calmer sa toux, malgré son abstinence de toujours – 1890)

« Impossible de faire un pas... Vous verrez qu'à mon enterrement, je ne pourrai aller jusqu'au cimetière ! »
(**Henri Meilhac** ; auteur dramatique... plaisantin jusqu'au bout ! – 1897)

« Enlevez ces oreillers, je n'en aurai plus besoin. »
(**Lewis Carroll** – 1898)

« Si, John Rogers. »
(**John Holmes** ; à son infirmière qui disait : 'je viens de toucher ses pieds, personne n'est jamais mort avec les pieds chauds'… Le moribond s'éteint un peu plus tard… A propos : John Rogers était un hérétique qui fût brûlé vif au XVIème siècle – 1899)

XXème siècle

« Vous n'aurez pas à me fermer les yeux. »
(**Madeleine Brohan** ; laquelle était atteinte de… cécité – 1900)

« Ce papier peint est horrible, l'un d'entre nous doit disparaître ! », à propos de la décoration de sa chambre d'hôtel…
Variante, recevant la note de ses médecins :
« Je meurs au-dessus de mes moyens. »
(**Oscar Wilde** – 1900)

« Je serai en enfer avant que vous ne preniez le petit déjeuner, les gars ! »
(**Thomas E. Ketchum** ; condamné à mort exécuté… au petit matin – 1901)

« Oui, c'est vrai… mais celle des autres ! »
(**Aurélien Scholl** ; … à qui on faisait remarqué que son médecin était une personne qui prenait gaiement la vie – 1902)

« Dis-leur de m'attendre au café et de commencer un bridge… je fais le mort ! »
(**Emile Goudeau** ; à des amis qui souhaitent le voir – 1906)

« C'est bon.... A présent, cher ami, excusez-moi mais je vais entrer dans les affres de l'agonie. »
(**Luis de Taboada** ; à un visiteur ennuyeux qui s'attarde à son chevet – 1906)

« On ne peut même plus compter sur la mort ! »
(**Jean Moréas** ; fatigué par son agonie interminable – 1910)

« Au revoir… si nous nous revoyons. »
(**Mark Twain** ; à sa fille – 1910)

« Hum, ce n'est que cela ??... Si j'avais su ! »
(**Maria Pia** – 1911)

« Un dernier verre, s'il vous plaît. »
(**Jasper Newton 'Jack' Daniel** ; ... un *Jack Daniel's* bien sûr ! – 1911)

« Dans l'éternité, tous sont immortels ! »
(**Emile Faguet** ; académicien... et donc immortel de son vivant aussi – 1916)

« C'est dur de mourir quand il n'y a pas de public ! »
(**Jean Mounet-Sully** ; tragédien, jusqu'au bout – 1916)

« Ne collaborez jamais. »
(**Octave Mirbeau** ; conversant avec Sacha Guitry : bon mot involontaire et prémonitoire, Guitry sera accusé de collaboration pendant l'Occupation... – 1917)

« C'est la première fois qu'on m'aura pour douze balles ! »
(**Mata-Hari** ; devant le peloton d'exécution qui va la fusiller, en référence à sa carrière d'espionne courtisane rémunérée – 1917)

« C'est un peu tôt, vous auriez dû me prévenir... »
(**Edmond Rostand** ; écrivain ponctuel – 1918)

« C'est bien, alors je meurs guéri. »
(**Georges Feydeau** ; à son médecin qui lui affirme qu'aucun de ses organes n'est réellement atteint… voir Jean-Louis Forain à qui on attribue le même mot – 1921)

« Vos renseignements sont moins bons que les miens. »
(**Raymond Radiguet** ; à ses amis qui essaient de lui démontrer qu'il va aller mieux – 1923)

« Moi, si. »
Puis : « Tue-moi ou tu es un assassin ! »
(**Franz Kafka** ; à son médecin qui le réconforte en lui disant qu'il reste auprès de lui et qu'il ne part pas… Puis, toujours à son médecin, lequel acquiescera à sa demande pour abréger ses souffrances – 1924)

« La plus jolie... Et maintenant, battez-vous. »
(**Henry Arthur Jones** ; sa nièce et son infirmière lui demandant laquelle des deux il préfère garder à ses côtés – 1924)

Il regarde sans un mot le médecin qui lui demande s'il a un message à laisser, tourne la tête, croise les mains sur sa poitrine, se ferme lui-même les yeux, et expire.
(**Rudolf Steiner** – 1925)

« La vie... quelle comédie, il faut avoir vu ça ! »
(**Elémir Bourges** – 1925)

« Je veux mourir de ma propre mort, pas de celle des médecins. »
 (**Rainer Maria Rilke** ; refusant les soins continus que nécessite sa leucémie... de fait il mourra d'une autre maladie ! - 1926)

« Ma mère l'a fait. »
(**Arthur Rothstein** dit Mr. Big ; truand américain, il fut tué durant une partie de poker… avant de mourir, pressé de questions, il refusa, dans une ultime blague, de nommer son véritable assassin – 1928)

« Eh bien, chers messieurs, vous allez pouvoir observer ce qu'est une pomme cuite ! »
(**George Appel** ; criminel américain adepte de calembours et prenant place sur la chaise électrique… en anglais 'Appel' se prononce comme 'Apple' (Pomme)… – 1928)

« Pour mon enterrement, je ne veux que le strict nécessaire : moi. »
Variante : « Qu'on m'enterre auprès de mon père et, comme lui, debout ! »
(**Georges Clemenceau** – 1929)

« Allons voir quelle musique on entend là-haut ! »
(**André Messager** – 1929)

« Trop tard pour les fruits, trop tôt pour des fleurs. »
(**D. H. Lawrence** ; à qui on apporte ces présents, on attribue les mêmes paroles et circonstances finales à Walter de La Mare – 1930)

« Eh bien, ça va être gai pour l'agonie ! »
(**Georges de Porto-Riche** ; apprenant de son médecin que son cœur est encore en très bon état – 1930)

« C'est bien, je meurs guéri ! »
(**Jean-Louis Forain** ; à son médecin qui lui annonce qu'aucun organe ne semble vraiment touché, voir Georges Feydeau à qui on attribue le même bon mot – 1931)

« Pourquoi devrais-je te parler ?... Je viens juste de m'entretenir avec ton patron ! »
(**Wilson Mizner** ; sortant du coma et repoussant le prêtre à son chevet – 1933)

« C'est moi, je suis encore là… »
(**Anna de Noailles** ; sortant de sa torpeur, juste avant de mourir – 1933)

« Quand je rencontrerai Dieu, je lui poserai deux questions : Pourquoi la relativité ?... Et pourquoi la turbulence ? Je crois vraiment qu'il aura une réponse pour la première. »
(**Horace Lamb** ; voir Werner Heisenberg à qui on attribue les mêmes paroles – 1934)

« Elle est bien bonne… Je devrai la répéter sur le plancher d'or ! »
(**Alfred Edward Housman** ; à son médecin qui vient de lui raconter une plaisanterie – 1936)

« Oh, je m'ennuie déjà ! »
(**Francis de Croisset** ; perspective de la mort… – 1937)

« Je ne me suis jamais senti mieux. »
(**Douglas Fairbanks, Sr** ; grimaçant, alors qu'on lui demande comment il va – 1939)

« Quoi, mourir ?!?... Non ! Aucun Barrymore ne permettrait qu'une chose aussi conventionnelle lui arrive. »
(**John Barrymore** – 1942)

« Je veux qu'on me rase, je ne veux pas rentrer dans l'autre monde avec une barbe hirsute ! »
(**Chaïm Soutine** ; peintre soigneux… mais pessimiste ! - juste avant une opération chirurgicale – 1943)

« Décidément, tout cela ne vaut pas un beau cul ! »
(**Paul Valéry** ; regardant son immense bibliothèque pleine de tous les livres qu'il a lus – 1945)

« La seule chose qui m'ennuie, c'est de partir avec mes malles pleines. »
(**Bela Bartok** ; regrettant de n'avoir pu finir sa dernière œuvre – 1945)

« Je suis un voyageur qui emporte ses bagages. »
(Marcel Petiot ; tueur en série condamné à mort et exécuté sans avoir révélé ses secrets – 1946)

« Je fume encore un cigare, puis nous commencerons à prier. »
(Adelgonde de Bragance – 1946)

« Quelle est la question ?... Quelle est la question ?!... S'il n'y a pas de question, c'est qu'il n'y a pas de réponse ! »
(Gertrude Stein – 1946)

« Allez-vous-en ! Je vais bien… je suis juste occupé à mourir. »
(Herbert George Wells – 1946)

« Revenez me voir plus tard… »
(Tristan Bernard ; ironiquement et sachant sa mort imminente, à l'abbé qui se réjouit de le baptiser avant qu'il ne meure... Tristan Bernard, pas l'abbé ! – 1947)

« On obtient de meilleurs résultats avec un mot gentil et une arme qu'avec un simple mot gentil. »
(**Al Capone** ; gangster cynique mais plein de bon sens – 1947)

« Je ne sais pas qui donne cette réception mais je lui en suis très reconnaissante. »
(**Lady Cunard** ; sortant du coma et trouvant ses amis à son chevet – 1948)

« Et maintenant, à nous deux ! »
(**Georges Bernanos** – 1948)

« Malheureusement, il y un petit moment que je ne pourrai pas te décrire. Et c'est celui qui t'intéresse ! »
(**Marie Stodel** ; décrivant son agonie à la demande de son fils, le futur navigateur Alain Bombard – 1949)

« Je vous laisse dans de beaux draps ! »
(**George Ivanovitch Gurdjieff** ; gourou guérisseur farceur s'adressant à ses disciples, lesquels l'assistent autour de son… lit – 1949)

« Saluez le monde de ma part ! »
(**Richard Strauss** – 1949)

« A cinquante ans, on a la tête qu'on mérite. »
(**George Orwell** ; dernières lignes écrites, il meurt à 46 ans… sans donc avoir pu admirer la sienne ! – 1950)

« *Eva se va.* » (« Eva s'en va »)
(**Eva Peron** ; palindrome raté de peu – 1952)

« Mieux vaut brûler l'écrivain que les livres. »
(**Hilaire Belloc** ; se mourant d'une grave brûlure accidentelle – 1953)

« J'invoque le cinquième amendement ! »
(**Walter White** ; journaliste américain couard, mais drôle, à qui on demande comment il trouve la robe de sa fille venue à son chevet… - NB : le 5ème amendement stipule qu'un accusé ne peut être contraint de témoigner s'il pense que cela risque de lui être préjudiciable… – 1955)

« Cette fois, je suis vraiment très, très mat. »
(**Xavier Tartakover** ; champion… d'échecs – 1956)

« Trop tard pour les fruits, trop tôt pour des fleurs. »
(**Walter de La Mare** ; à qui on vient apporter ces présents, voir D. H. Lawrence qui aurait eu le même trait d'esprit final – 1956)

« Un qui sera intellectuellement compatible. »
(**John von Neumann** ; à qui on demande s'il est d'accord pour qu'un prêtre vienne lui rendre visite – 1957)

« J'aurais jamais dû passer du scotch au Martini ! »
(Humphrey Bogart – 1957)

« Ne me regarde pas, chérie, je ne suis plus un spectacle. »
Variante : « Ah, vos belles mains… ce sont elles qui fermeront mes yeux et ouvriront mes tiroirs. »
(Sacha Guitry ; à sa dernière femme Lana Marconi – 1957)

« J'ai un pied dans la tombe mais tout va bien : comme je deviens sourd, je n'entendrai pas ma dernière heure sonner. »
(Cami – 1958)

« Oui c'est dur de mourir… mais pas autant que de jouer la comédie ! »
(Edmund Gwenn – 1959)

« Ne soyez donc pas si pressés ! »
(**Billie Holiday** ; apostrophant ironiquement les médecins de l'hôpital où elle a été amenée… hôpital où elle va décéder faute de soins ! – 1959)

« Mon Dieu, ce que je m'ennuie ! »
(**Harry St. John 'Jack' Philby** – 1960)

« Laisse-moi crever debout, ensuite je serai couché pour toujours ! »
(**Antoine Joncquin** ; il se lève… et s'effondre – 1960)

« Un gilet pare-balles. »
(**James W. Rodgers** ; condamné à être fusillé, on lui demande son dernier souhait… – 1960)

« God bless… God damn ! » (« Dieu vous protège… Dieu vous damne ! »)
(**James Thurber** ; dernier gag de ce réalisateur de dessins animés… *« God damn »* pouvant aussi se traduire par « Putain de Dieu ! » ou « Et merde ! » – 1961)

« Mesdames, messieurs, cette chaise électrique représente une valeur inestimable. Conception saine, construction solide, finition irréprochable. Elle est, en outre, équipée d'un système électronique doté des derniers perfectionnements de la technique. Vous pouvez l'acquérir en toute confiance, vous verrez à l'usage qu'aucune défaillance n'est à craindre, et - afin de mieux vous le prouver - je m'en vais l'essayer moi-même. »
(**Joseph Lefkowitz** ; comédien américain condamné à mort et électrocuté – 1962)

« Il faut laisser venir la pourriture. »
(**André Rouveyre** ; résignation ou sérénité ? – 1962)

« C'est un peu embarrassant d'avoir été occupé toute une vie par le problème humain et de réaliser à la fin qu'on n'a pas de meilleur conseil à donner que : essaie réellement d'être un peu plus gentil. »
Variante, demandant par écrit à son épouse une injection intramusculaire : « LSD, 100µg, i.m. »
(**Aldous Huxley** ; philosophe, propagandiste des drogues comme ''moyen de passage dans un autre monde''… et qui le prouva ! – 1963)

« Est-ce mon anniversaire ou suis-je en train de mourir ? »
(**Lady Nancy Astor** ; voyant tous ses enfants rassemblés à son chevet - 1964)

« Soyez bénie ma sœur… et puissent tous vos fils être des évêques ! »
(**Brendan Behan** ; à la religieuse qui l'assiste – 1964)

« La mort est une chose très morne. Mon conseil : n'y ayez jamais affaire. »
(**William Somerset Maugham** – 1965)

« Je suis prêt à rencontrer mon créateur. Quant à savoir s'il est préparé pour cette réunion, c'est un autre problème… »
Variante : « Le voyage méritait d'être fait… au moins une fois. »
(**Winston Churchill** – 1965)

« Que diriez-vous de ceci pour le journal de demain ?... 'Frites'. »
(**James French** ; blagueur jusqu'au bout, il avait été condamné à mort par électrocution… en anglais 'Frites' se dit 'French fries', soit littéralement 'French grille'… … – 1966)

« Excusez-moi pour la poussière. »
(**Dorothy Parker** ; derniers mots laissés, et choisis pour son inscription mortuaire - après son incinération ? – 1967)

« Pour vivre en bonne santé, il faut alterner eau d'Evian et de Contrexéville. »
(**Marguerite Augsbourg-Gétaz** – 1968)

« Que dit-elle ?... Décidément, il est temps que je m'en aille. »
(**Jacques Chardonne** ; écrivain dont les œuvres se sont longtemps inspirées de la discorde entre mari et femme, il entend à travers la porte son épouse parler… – 1968)

« La meilleure chose est(et ?) la pire… »
(**Béatrix Dussane** ; dernière phrase… sujette à interprétation – 1969)

« Comment veux-tu que je le sache, je ne suis jamais morte auparavant ! »
(**Cornelia J. Cannon** ; à sa fille affolée qui lui demande si elle pense qu'elle va mourir – 1969)

« … Et on l'empaillera ! »
(**Louise de Vilmorin** ; surprenant des membres de sa famille préparant ses obsèques – 1969)

« J'ai mené la vie que j'aurais aimé avoir. »
(Félix-Victor-Henri Martin dit **Docteur Martin** – 1969)

« Je ne veux pas d'un enterrement de couturière ! »
(**Coco Chanel** – 1971)

« Y'a d'la joie. »
(**Maurice Chevalier** ; au prêtre venu lui administrer les derniers sacrements – 1972)

« Buvez à ma santé ! »
Variante, à son avocat : « Vous devriez vous marier, c'est utile. »
(**Pablo Picasso** – 1973)

« Jacqueline, on ne peut pas tout réussir. »
(**Marcel Pagnol** ; à sa femme… comme pour s'excuser de sa mort trop lente ? – 1974)

« Allons chéri, fichons le camp d'ici ! »
(**Jacqueline Susann** ; à son mari – 1974)

« Ma chère, avant que tu ne m'embrasses pour me dire adieu, mets tes cheveux en ordre, c'est un bordel ! »
(**George Kelly** ; oncle de Grace Kelly… à sa nièce – 1974)

« Comment je me sens ? Mais… avec mon nez ! »
(**Francis Blanche** – 1974)

« Il ne suffit pas d'être un grand homme, il faut l'être au bon moment. »
(**Georges Pompidou** – 1974)

« Pourquoi, il part en voyage ? »
(**Francisco Franco** ; un général souhaitant lui dire un dernier au revoir… on ne sait si le trait d'esprit était volontaire, eu égard à l'état du dictateur… et à son manque d'humour bien connu – 1975)

« Quand je rencontrerai Dieu, je lui poserai deux questions : Pourquoi la relativité ?... Et pourquoi la turbulence ? Je crois vraiment qu'il aura une réponse pour la première. »
 (**Werner Heisenberg** ; voir Horace Lamb à qui on attribue les mêmes dernières paroles – 1976)

« Je ne tiens plus debout… même assis ! »
(**Jacques Prévert** – 1977)

« Pourquoi pas ? Après tout, elle lui appartient. »
(**Charlie Chaplin** ; au prêtre lui disant que le Seigneur a pitié de son âme – 1977)

« Bordel, je vous interdis de demander à Dieu de m'aider ! »
(**Joan Crawford** ; entendant sa femme de chambre prier – 1977)

« J'ai toujours aimé tout essayer au moins une fois… allons-y. »
(**Jesse Bishop** ; condamné à mort américain, juste avant son exécution – 1979)

« Laissez le rideau de la douche à l'intérieur du baquet. »
(**Conrad N. Hilton** ; à qui on demande ses dernières volontés – 1979)

« Ah, la sale dette ! La sale dette ! »
(**Georges Lamain** ; poète endetté jusqu'au cou – 1979)

« … Je me suis enfin exprimé. »
(**Romain Gary** ; dernière note trouvée après son suicide – 1980)

« Si Dieu existe, il exagère. »
(**Georges Brassens** – 1981)

« Je suis obstiné… je disparais. »
(**Jacques Lacan** – 1981)

« Eh bien, le Seigneur va en récupérer encore un ! »
(**John Eldon Smith** – 1983)

« Enfin, la postérité ! »
(**Raymond Protet** ; écrivain peu connu… de son vivant – 1985)

« L'heure des comptes a sonné… Dieu me doit pas mal ; et comme il rend au centuple, on va se marrer… »
(**Gérard Mison** – 1986)

« J'ai bien peur que Dieu n'aime pas ma magie. J'espère néanmoins qu'il m'apprendra des tours, il est très fort pour cela ! »
(**Jim Paley** ; prestidigitateur – 1986)

« J'aurai préféré aller à la pêche. »
(**Jimmy Glass** ; condamné à mort plein de bon sens – 1987)

« Pierre Desproges est mort d'un cancer. Etonnant, non ? »
(**Pierre Desproges** ; son annonce post-mortem destinée aux médias – 1988)

« Je détesterais mourir deux fois, c'est si ennuyeux. »
(**Richard P. Feynman** – 1988)

« Ce n'est pas Hamlet, vous savez, ce n'est pas supposé aller dans ma foutue oreille ! »
(**Laurence Olivier** ; à l'infirmière qui essaye maladroitement de lui humecter les lèvres – 1989)

S'étant installé dans un fauteuil, il sirote avec plaisir un verre d'alcool pendant de longues minutes... Puis il pose tranquillement son verre et s'affaisse.
(**Philippe Erlanger** – 1989)

« Les mourants ont déjà dit tellement de bêtises avant moi que j'hésite… Mais je ne vais pas me priver de ce dernier plaisir : Mes enfants, je regrette surtout de ne pas vous avoir fait rire plus souvent… Si, attendez, j'en ai une de drôle… Mourir, ça n'est que… »
(**Edouard Lapin** ; laissant ses enfants sur leur faim… ou sur sa fin, c'est selon – 1989)

« La nature est pire qu'une banque, elle nous endette sans le dire et un jour nous redemande tout d'un coup. Résultat, ça tue… »
(**Simon Robet** – 1998)

« Je perds la main. »
(**Frank Sinatra** ; crooner et grand amateur de… poker - 1998)

« Ne faites pas n'importe quoi avec mon pognon ! »
(**Lowell Fulson** – 1999)

« Je ne veux plus prendre l'avion… »
(**Hirotsugu Kawaguchi** ; victime de crash aérien à qui on ne la refera pas… humour noir involontaire ! – 1999)

XXIème siècle

« Je revis ! »
(**Jean-Philippe Weiss** ; hospitalisé, il mange un morceau de fromage… le dernier – 2003)

« N'allumez pas la lumière ! »
(**Oussama Ben Laden** ; terroriste drôle sans le savoir… quelqu'un allume et il est abattu – 2011)

« Mourir ?... Plutôt crever ! »
(Maurice Sinet dit **Siné** ; dernier pied de nez humoristique et… inscription sur sa tombe ! – 2016)

« Que je sois passé sur et dans ce monde où vous avez vécu est une vérité et une beauté pour toujours, et la mort elle-même ne peut rien contre moi. »
(**Jean d'Ormesson** ; dernière ligne du dernier livre – 2017)

www.miguelsydruiz.jimdo.com

INDEX

Adelgonde de Bragance, comtesse portugaise : p. 62
Agrippine, soeur, épouse et mère d'empereurs romains : p. 9
Alembert (Jean Le Rond d'), philosophe français : p. 30
Alexandre Ier, tsar de Russie : p. 40
Anaxarque, philosophe grec : p. 7
Appel (George), condamné à mort américain : p. 58
Archimède, scientifique grec : p. 8
Aristote, philosophe grec : p. 7
Astor (Lady Nancy), femme politique anglo-américaine : p. 69
Augsbourg-Gétaz (Marguerite), femme de pasteur suisse : p. 70
Auguste, empereur romain : p. 8
Avinain (Jean-Charles), criminel français : p. 46
Azeglio (Massimo d'), homme politique italien : p. 46

Bacon (Francis), philosophe anglais : p. 18
Bailly (Jean Sylvain), mathématicien français et 1er maire de Paris : p. 32
Barrymore (John), acteur américain : p. 61
Bartok (Bela), compositeur hongrois : p. 61
Bashkirtseff (Marie), artiste-peintre russe : p. 50
Baudin (Jean-Baptiste), médecin français : p. 43
Beaumarchais (Pierre-Augustin Caron de), écrivain français : p. 36
Beethoven (Ludwig van), compositeur allemand : p. 40
Behan (Brendan), écrivain irlandais : p. 69
Belloc (Hilaire), écrivain anglo-français : p. 64
Ben Laden (Oussama), terroriste saoudien : p. 79
Berlioz (Hector), compositeur français : p. 47
Bernanos (Georges), écrivain français : p. 63
Bernard (Tristan), romancier français : p. 62
Bestoujev (Michel), condamné à mort russe : p. 40
Bièvre (Nicolas Mareschal, Marquis de), écrivain français : p. 31
Bishop (Jesse), criminel américain : p. 74
Blackwell (Alexander), condamné à mort anglais : p. 26
Blanche (Francis), humoriste français : p. 73
Bogart (Humphrey), acteur américain : p. 66

Bolivar (Simon), homme d'Etat sud-américain : p. 41
Bordier (François), comédien français : p. 31
Bouhier de Savigny (Jean), magistrat français : p. 25
Bouhours (Dominique), grammairien français : p. 23
Bourdaloue (Louis), prédicateur français : p. 23
Bourges (Elémir), écrivain français : p. 57
Brassens (Georges), chanteur-auteur-compositeur français : p. 75
Brillat-Savarin (Josephte), soeur d'Anthelme Brillat-Savarin : p. 44
Brillat-Savarin (Anthelme), gastronome français : p. 40
Brohan (Madeleine), actrice française : p. 53
Broussais (François), médecin français : p. 39
Bruno (Giordano), philosophe italien : p. 17

Cadoudal (Georges), commandant militaire vendéen : p. 38
Cami (Pierre Henri), humoriste français : p. 66
Cannon (Cornelia James), femme de lettres américaine : p. 71
Capone (Al), gangster américain : p. 63
Carlyle (Thomas), écrivain écossais : p. 48
Carroll (Lewis), écrivain anglais : p. 52
Casanova (Giacomo), aventurier italien : p. 36
Cervantès (Miguel de), écrivain espagnol : p. 17
Chamfort (Nicolas de), moraliste français : p. 35
Chanel (Coco), créatrice de mode française : p. 72
Chaplin (Charlie), acteur et cinéaste anglais : p. 74
Chardonne (Jacques), écrivain français : p. 71
Charette de la Contrie (François), commandant militaire vendéen : p. 36
Charlemagne, empereur d'Occident et roi des Francs : p. 11
Charles II, roi d'Angleterre : p. 22
Charolais (Charles de Bourbon, comte de), prince français : p. 27
Charost (Armand de Béthune, duc de), noble français guillotiné : p. 36
Chevalier (Maurice), chanteur français : p. 72
Churchill (Winston), homme d'Etat anglais : p. 70
Clemenceau (Georges), homme d'Etat français : p. 58
Coislin (Madame de), maîtresse de Louis XV : p. 39
Colbert (Jean-Baptiste), homme d'Etat français : p. 21
Corday (Charlotte), meurtrière de Marat : p. 33
Cossé-Brissac (Jean-Paul Timoléon de), maréchal de France : p. 31
Crawford (Joan), actrice américaine : p. 74
Créquy de Heymont de Canaples d'Ambrières (Renée-Caroline-Victoire de Froussay de Tessé, marquise de), femme de lettres française : p. 37

Croll (James), scientifique écossais : p. 51
Cunard (Lady Emerald), animatrice de salon littéraire, américaine : p. 63
Custine (Adam-Philippe, comte de), général français : p. 33

Dagobert Ier, roi des Francs : p. 11
Daniel (Jack), distillateur américain : p. 55
Danton (Georges Jacques), révolutionnaire français : p. 35
De Croisset (Francis), dramaturge français : p. 60
De La Mare (Walter), écrivain anglais : p. 65
Démonax, philosophe grec : p. 8
Demoustier (Charles-Albert), écrivain français : p. 37
Desproges (Pierre), humoriste français : p. 76
Dickens (Charles), écrivain anglais : p. 47
Dickinson (Edward), avocat américain : p. 48
Disraeli (Benjamin), homme d'Etat anglais : p. 49
Dupuytren (Guillaume), chirurgien français : p. 41
Dussane (Béatrix), actrice française : p. 71

Earp (Morgan), policier américain : p. 49
Eldon (John Scott, Lord), homme d'Etat anglais : p. 43
Erasme, philosophe des Pays-Bas : p. 14
Erlanger (Philippe), haut fonctionnaire français : p. 77

Faguet (Emile), écrivain français : p. 55
Fairbanks, Sr. (Douglas), acteur américain : p. 60
Favras (Thomas de Mahy, marquis de), militaire royaliste français : p. 32
Feydeau (Georges), dramaturge français : p. 56
Feynman (Richard), physicien américain : p. 76
Field (John), compositeur irlandais : p. 42
Fontenelle (Bernard Le Bovier de), philosophe français : p. 26
Forain (Jean-Louis), peintre français : p. 59
Fox (Henry), homme d'Etat anglais: p. 29
Franco (Francisco), homme d'Etat espagnol : p. 73
Frédéric-Guillaume 1er, roi de Prusse : p. 25
French (James), condamné à mort américain : p. 70
Fulson (Lowell), musicien américain : p. 78

Garth (Samuel), écrivain anglais : p. 24
Gary (Romain), écrivain français : p. 75
Gassendi (Pierre), mathématicien et philosophe français : p. 19

Gay-Lussac (Louis-Joseph), chimiste français : p. 43
Genlis (Comtesse de), femme de lettres française : p. 41
Glass (Jimmy), criminel américain : p. 76
Gontaut-Biron (Armand-Louis de), militaire français : p. 33
Gontaut-Biron (Charles de), maréchal de France condamné à mort : p. 17
Goudeau (Emile), romancier français : p. 54
Gramont (Antoine de), militaire et diplomate français : p. 20
Grant (Ulysse S.), 18ème président des Etats-Unis : p. 50
Grégoire VII, pape italien : p. 11
Grétry (Jenny), soeur de Lucile Grétry : p. 31
Grétry (Lucile), compositrice française : p. 34
Grimod de La Reynière (Alexandre), gastronome français : p. 42
Grotius, philosophe des Provinces-Unies : p. 19
Guitry (Sacha), dramaturge français : p. 66
Gurdjieff (Georges), mystique russe : p. 64
Gwenn (Edmund), acteur anglais : p. 66

Haller (Albrecht von), médecin suisse : p. 29
Hegel (Georg Wihelm Friedrich), philosophe allemand : p. 41
Heine (Henri), écrivain allemand : p. 44
Heisenberg (Werner), physicien allemand : p. 73
Hermann (Jean-Joseph), religieux suisse : p. 39
Hilton (Conrad), créateur de la chaîne hôtelière Hilton, américain : p. 74
Holiday (Billie), chanteuse américaine : p. 67
Holmes (John), avocat américain : p. 52
Houdetot (Sophie d'), animatrice de salon littéraire française : p. 39
Housman (Alfred Edward), écrivain anglais : p. 60
Hugo (Victor), écrivain français : p. 50
Hunter (William), médecin écossais : p. 30
Hus (Jan), théologien tchèque : p. 12
Huxley (Aldous), écrivain américain : p. 69

Jérôme de Prague, théologien tchèque : p. 12
Joncquin (Antoine), paléontologue français : p. 67
Jones (Henry Arthur), dramaturge anglais : p. 57
Joseph II, souverain autrichien : p. 31
Joubert (Joseph), moraliste français: p. 39

Kafka (Franz), écrivain tchèque : p. 56
Kawaguchi (Hirotsugu), victime japonaise de crash aérien : p. 78

Kelly (George), dramaturge américain : p. 72
Kelly (Ned), hors-la-loi australien : p. 48
Ketchum (Thomas "Black Jack"), hors-la-loi américain : p. 53
Kotsk (Menahem Mendel de), rabbin polonais : p. 45

L'Arétin (Pierre), écrivain italien : p. 14
La Barre (François Jean Lefebvre de), noble français : p. 28
La Roche-Aymon (Charles-Antoine de), cardinal français : p. 29
Labiche (Eugène), dramaturge français : p. 51
Lacan (Jacques), psychiatre français : p. 75
Lacenaire (Pierre François), criminel français : p. 42
Laennec (René), médecin français : p. 40
Lamain (Georges), poète français : p. 75
Lamb (Horace), mathématicien anglais : p. 60
Lantara (Simon Mathurin), peintre français : p. 29
Lapin (Edouard), écrivain français : p. 77
Lawrence (D. H.), écrivain anglais : p. 59
Le Pérugin, peintre italien : p. 13
Le Tasse, poète italien : p. 15
Lefkowitz (Joseph), condamné à mort américain : p. 68
Lenclos (Ninon de), courtisane et épistolière française : p. 24
Léonidas, roi de Sparte : p. 7
Leszczynski (Stanislas), roi de Pologne : p. 28
Lieven (Princesse de), animatrice de salon littéraire russe : p. 44
Limeuil (Melle de), demoiselle d'honneur de Catherine de Médicis : p. 14
Linné (Carl von), scientifique suédois : p. 30
Locke (John), philosophe anglais : p. 23
Lope de Vega (Felix), dramaturge espagnol : p. 19
Louis XII, roi de France : p. 13
Louis XIII, roi de France : p. 19
Louis XIV, roi de France : p. 24
Louis-Philippe Ier, roi des Français : p. 43

Madison (James), 4ème président des Etats-Unis : p. 42
Maintenon (Madame de), épouse morganatique de Louis XIV : p. 24
Malesherbes, (Chrétien Guillaume de), homme d'Etat français : p. 34
Malherbe (François de), poète français : p. 18
Manet (Edouard), peintre français : p. 49
Marie-Adélaïde de Savoie, dauphine de France : p. 24
Marie-Thérèse d'Autriche, reine de France : p. 21

Marie-Thérèse d'Autriche, souveraine austro-hongroise : p. 30
Martin (Docteur), médecin et militant nationaliste français : p. 71
Marx (Karl), économiste allemand : p. 49
Mata-Hari (Margaretha Zelle dite), espionne hollandaise : p. 55
Mather (Cotton), théologien puritain américain: p. 25
Maugham (William Somerset), romancier anglais : p. 69
Maugiron (Laurent de), militaire français et page du roi Henri II : p. 15
Mecklembourg-Strelitz (Louise de), reine de Prusse : p. 38
Médicis (Laurent de), homme d'Etat italien : p. 12
Meilhac (Henri), auteur dramatique français : p. 51
Ménage (Gilles), écrivain et grammairien français : p. 22
Messager (André), compositeur et chef d'orchestre français : p. 58
Milnes (Richard Monckton), homme politique anglais : p. 50
Mirabeau (Honoré-Gabriel Riqueti de), homme politique français : p. 32
Mirbeau (Octave), écrivain français : p. 55
Mison (Gérard), peintre : p. 76
Mizner (Wilson), scénariste américain : p. 59
Monmouth (James Scott, duc de), conspirateur anglais exécuté : p. 21
Monnier (Henri), dramaturge et caricaturiste français : p. 48
Montaigne (Michel Eyquem de), philosophe français : p. 15
Montesquieu (Charles Louis de Secondat de), philosophe français : p. 26
Montmorency (Henry II de), maréchal de France : p. 18
Montmorency-Bouteville (François de), noble français exécuté : p. 18
More (Thomas), philosophe anglais : p. 13
Moréas (Jean), poète grec : p. 54
Moriale (Jean Montréal du Bar dit Fra), condottiere français : p. 12
Mounet-Sully (Jean), comédien français : p. 55
Mozart (Wolfgang Amadeus), compositeur autrichien : p. 32

Narvaez (Ramon Maria), homme d'Etat espagnol : p. 47
Nerval (Gérard de), poète français : p. 44
Neumann (John von), mathématicien américano-hongrois : p. 65
Noailles (Anna de), poétesse franco-roumaine : p. 60

Olivier (Laurence), acteur anglais : p. 77
Orléans (Duc d'), député français condamné à mort : p. 33
Ormesson (Jean d'), écrivain français : p. 79
Orsini (Felice), révolutionnaire italien : p. 45
Orwell (George), écrivain anglais : p. 64

Pagnol (Marcel), écrivain français : p. 72
Paine (Thomas), révolutionnaire américain : p. 38
Paley (Jim), prestidigitateur américain : p. 76
Palmer (William), médecin... et assassin anglais : p. 44
Palmerston (Henry John Temple, Lord), premier ministre anglais : p. 46
Parker (Dorothy), poétesse américaine : p. 70
Patru (Olivier), avocat et écrivain français : p. 21
Peron (Eva), femme politique argentine : p. 64
Petiot (Marcel), criminel français : p. 62
Pétrone, écrivain romain : p. 9
Philby (Harry St. John dit Jack), espion et explorateur anglais : p. 67
Phocion, stratège et orateur grec : p. 8
Pia (Maria), reine consort du Portugal : p. 54
Picasso (Pablo Ruiz), peintre espagnol : p. 72
Pinot Duclos (Charles), écrivain français : p. 28
Piron (Alexis), poète français : p. 28
Plotin, philosophe gréco-romain : p. 10
Pompadour (Marquise de), favorite de Louis XV : p. 27
Pompidou (Georges), président de la République française : p. 73
Pope (Alexander), poète anglais : p. 25
Porto-Riche (Georges de), dramaturge français : p. 59
Prévert (Jacques), poète français : p. 74
Protet (Raymond), écrivain français : p. 75

Quevedo (Francisco de), écrivain espagnol : p. 19

Rabelais (François), écrivain français : p. 14
Rachel (Mademoiselle), comédienne française : p. 45
Radiguet (Raymond), écrivain français : p. 56
Raleigh (Sir Walter), navigateur et écrivain anglais : p. 17
Rameau (Jean-Philippe), musicien français : p. 27
Raucourt (Mademoiselle), actrice française : p. 39
Reno (Jesse Lee), militaire américain : p. 45
Richard Cœur de Lion, roi d'Angleterre : p. 11
Rilke (Rainer Maria), écrivain autrichien : p. 57
Rivarol (Antoine de), écrivain français : p. 23
Robet (Simon), écrivain : p. 77
Rodgers (James W.), criminel américain : p. 67
Ronsard (Pierre de), poète français : p. 14
Rostand (Edmond), écrivain français : p. 56

Rothstein (Arnold dit Mr. Big), truand américain : p. 58
Rouveyre (André), écrivain et dessinateur français : p. 68

Saint-Laurent, saint catholique espagnol : p. 10
Saint-Vincent de Paul, saint catholique français : p. 20
Scarron (Paul), écrivain français : p. 20
Schinderhannes, criminel allemand : p. 37
Scholl (Aurélien), romancier français : p. 53
Scott (Sir Walter), écrivain écossais : p. 41
Septime Sévère, empereur romain : p. 10
Sinatra (Frank), chanteur américain : p. 78
Siné (Maurice Sinet, dit), dessinateur français : p. 79
Smith (Adam), philosophe écossais : p. 32
Smith (John Eldon), condamné à mort américain : p. 75
Socrate, philosophe grec : p. 7
Soutine (Chaïm), peintre russe : p. 61
Stein (Gertrude), femme de lettres américaine : p. 62
Steiner (Rudolf), philosophe occultiste autrichien : p. 57
Stevens (Thaddeus), homme politique américain : p. 47
Stodel (Marie), femme médecin française : p. 63
Strauss (Richard), compositeur allemand : p. 64
Subrius Flavus, conspirateur romain exécuté par Néron : p. 9
Surratt (Mary), conspiratrice américaine condamnée à mort : p. 46
Susann (Jacqueline), romancière américaine : p. 72

Taboada (Luis de), journaliste espagnol : p. 54
Talleyrand-Périgord (Charles-Maurice de), homme d'Etat français : p. 43
Talleyrand-Périgord (Henri de), conspirateur exécuté, français : p. 17
Tartakover (Xavier), joueur d'échecs franco-austro-polonais : p. 65
Thoreau (Henri David), philosophe américain : p. 46
Thurber (James), écrivain américain : p. 67
Thurlow (Edward), avocat et politicien anglais : p. 38
Tibère, empereur romain : p. 9
Twain (Mark), écrivain américain : p. 54

Valéry (Paul), écrivain français : p. 61
Vanderbilt (Cornelius), entrepreneur américain : p. 48
Vanderbilt (William), homme d'affaires américain : p. 50
Vaugelas (Claude Favre de), grammairien français : p. 23
Vercellis (Madame de), amie de Jean-Jacques Rousseau, française : p. 25

Villiers de L'Isle-Adam (Auguste de), écrivain français : p. 51
Vilmorin (Louise Levêque de), femme de lettres française : p. 71
Voltaire (François-Marie Arouet, dit), écrivain français : p. 30

Watteau (Antoine), peintre français : p. 25
Weiss (Jean-Philippe), pianiste français : p. 79
Wells (H. G.), écrivain anglais : p. 62
White (Walter), journaliste américain : p. 65
Wilde (Oscar), écrivain irlandais : p. 53
Wortley Montagu (Lady), femme de lettres anglaise : p. 27

Table des matières

Antiquité. 7

Moyen Âge. 11

16ème siècle. 13

17ème siècle. 17

18ème siècle. 23

19ème siècle. 37

20ème siècle. 53

21ème siècle. 79

Index. 83

www.miguelsydruiz.jimdo.com
Miguel Syd Ruiz - Décembre 2019

Du même auteur

- « Aphorismes, paradoxes et autres billevesées » (BoD n° 1231625)

- « Paysages/Visages/Voyages » (BoD n° 1239451)

- « Qui est qui ? - Dictionnaire des pseudonymes » (BoD n° 1310936)

- « Un air de famille - 500 célébrités qui se ressemblent » (BoD n° 1267783)

- « Le Père-Lachaise, un cimetière bien vivant » (BoD n° 1266269)

- « Ils ont dit… » (BoD n° 1262065)

- « Sentences sans queue ni tête (La beauté du non-sens) » (BoD n° 1298457)

- « Dictionnaire de la guerre civile espagnole et de ses prémices 1930-1939 » (BoD n° 1311069)

- « Absurdomanies… » (BoD n° 1330401)

- « Villages de France » (Bookelis n° 33976)

- « Last words, last words… out ! » (BoD n° 1333798)

- « Gargouilles et marmousets dans la sculpture médiévale » (Bookelis n° 33961)

- « Mon Paris insolite » (BoD n° 1400816)

www.miguelsydruiz.jimdo.com
Miguel Syd Ruiz - Décembre 2019